RESPONCE
DE DOMP BERNARD
Doyen de l'Oratoire de Sainct
Bernard des Feuillans lez Paris, à
vne lettre à luy escrite & enuoyee
par Henry de Valois.

IESVS ✠ MARIA.

N° 20 bis

A LENGRES,
De l'Imprimerie de M. Iean Tabourot,
demourant deuant la grande Eglise.

RESPONCE
DE DOMP BERNARD DOYEN DE L'ORATOIRE
de S. Bernard des Fueillans lez Paris, à vne lettre à luy escrite & enuoyee par Henry de Valois.

IESVS ✠ MARIA.

MONSIEVR,

Ayant à vous faire cest escrit auec la saincte franchise & hardiesse, que l'obligation de mon deuoir me cōmande, ie confesse que ie ne suis pas sans peine : car i'ay appris de la religion mesme d'auoir en singulier respect & reuerence la Majesté Royale, de laquelle vous auez esté honoré par tāt d'annees, & vous ay mesmes particulierement respecté & reueré de toute l'humilité, que l'apprehension de la Majesté de Dieu representee par la vostre, a peu exciter en mon ame. Et s'il m'eust esté permis, ie n'ay pas tant d'affection à continuer le fil de ceste vie que Dieu me donne, que i'en eusse apporté à la continuation de

A ij

ce mesme honneur & reuerence enuers vous. Or changer maintenant de stil m'est extremement grief, veu mesmes qu'il faut que tout à coup ie passe d'vne extremité en l'autre, & m'auient comme à celuy qui a longuemét demeuré aux rayons d'vn luisant Soleil: Il a la splendeur esclatante de ce Soleil, si auant logee dedás ses yeux, qu'il ne se peut accoustumer incontinent à la suauité de l'ombre, & demeure quelque temps comme demy aueuglé, iusques à ce que ceste splendeur peu à peu se perd & esuanouit de ses yeux. Ainsi m'estant accoustumé par vn long temps à vous regarder, encor que par erreur, comme la viue & parlante image de Dieu & m'estant extremement pleu en ceste persuasion: c'est auec tres-grande difficulté qu'il faut à present qu'arrachant ceste opinion de mon ame, ie chàge de ton & de note, m'accusant moymesme d'vne extreme simplesse & ignorance, q ay tát tardé à cognoistre la puersité de vostre cœur & affection enuers nostre sainte foy & religion Catholique: laquelle souz le masque d'vne deuotion extraordinaire, vous auez perfidemment abandonnee & trahie, descouurant & faisant veoir aux plus aueuglez le mortel venin longuement caché dans vostre ame, d'vne plus que barbaresque, sauuage & inouye meschanceté. Ie suis perplex d'autre-part, pour la defense tres-expresse que nostre mere l'Eglise faict à tous ses enfans, de cómuniquer auec ceux qu'elle a frappez du cousteau d'excommunication, & retranchez du corps de son espoux. Ce qui doit imprimer dans le cœur de tous Catholiques, vne horreur de parler, traicter & communiquer en quelque sorte que ce soit auec vo[us] qui par le tranchant de ce cousteau estes alienés de ce bien-heureux corps, comme vn membre pourry & arraché du tronc de vie eternelle, cõme vne branche seiche & morte, nõ pour qlque forfait ordinaire, mais pour auoir pl[us] atrocemẽt & outrageusemẽt, que nul des ennemis de Dieu qui soient en ce temps, planté & enfoncé vostre glaiue parricide dans les flancs & entrailles de nostre mere, & plus dangereusement sappé & esbranlé la muraille de ceste sacree Cité des enfans de Dieu. Or ne lairray-ie pourtãt de vous faire la presente, opposãt à l'vne & à l'autre de ces difficultez l'imperieuse loy de la necessité qui me serre & contraint. Car puis que vous auez trouué bon de me faire vne lettre qui m'a esté rendue, en laquelle fermant les yeux aux occasions que vous auez donnee à tous bons Chrestiés François de resister à voz pernicieux desseings, vous accusez de mensonge & persidie le zele que Dieu m'a donné, à m'employer de mon petit pouuoir à la defence de ce precieux heritage de nostre foy & religion, que par voz deportemens vous nous arrachez des mains & mettez en proye: Ie me sens cõme violentemẽt contraint & necessité de vous respondre, non tant pour deffendre mon innocence contre vostre faulse accusatiõ, que pour soustenir la cause de tous les gens de bien & vrais Catholiques de ce Royaume, qui se sont vnis à ce mesme

A iij

effect, laquelle est inseparablement conjoincte auec la mienne. Et pour vous faire veoir combien (par la grace de Dieu) nous nous sentós asseurez en noz consciéces, & combien nous subsistons hardiment deuát l'apprehensió du throsne de la Iustice de Dieu, en la resolution que nous auons prinse de nous opposer à voz peruerses intentions, ne nous esmouuant non plus que d'vn vain songe de toutes les mesdisantes calomnies, par lesquelles comme par vn nuage espais, vous & voz adherens taschez d'obscurcir & ombrager le iour de verité & droicture qui luit en nos ames, en la poursuitte de ceste cause. C'est le but que ie me propose deuát les yeux en ceste respóse, & le seul motif qui pousse mó esprit & ma main à la faire, lequel motif en à vn autre plus grand & plus haut, qui est le general & supreme motif, & cóme le premier ciel qui fait mouuoir tous les autres ciels à son branfle, ie dy l'honneur & gloire de Dieu, qui doit estre le souuerain but de toutes nos œuures & entreprises. C'est la principale & derniere fin à laquelle ie dirige mon intention en cest escrit, ne voulant hors d'icelle permettre à mó esprit d'y toucher de la moindre pésee. Que si c'est le vray but que ie dois auoir, il ne reste sinon qu'afsisté de la grace diuine, ie dresse si dextremét ma visee, que par nulle informité de passion humaine qui me desuoye, mó traict ne puisse faillir d'attaindre: à quoy ie me sens bien tellement disposé, que i'aimerois mieux auoir mon esprit priué de toute cognoissance naturelle, &

ma main seiche & morte, que d'auancer ou escrire mot, qui en ma conscience, decline tāt soit peu de la verité. Ce qu'apres vous auoir solemnellement protesté, ie viens à vostre lettre, de laquelle le commencement est, *Vous auez trop récogneu par voz paroles publiques & particulieres, le mensonge de ceux de la ligue, pour maintenant mettre en vostre ame vn tel bourreau qu'vne asseuree damnation, les fauorisant par voz actions & discours indignes d'vn bon Chrestien & Catholique*, (& adioustez peu apres) *parlant mal de moy, qui me cognoissez iusques dans l'ame, pour plus & meilleur Catholique que ceux qui me veulent nier pour Roy*: Voila certainement de tresbelles paroles, & telles que pourroit dire le plus vertueux & plus innocent Prince de la terre: Dauid parloit ainsi, quand il disoit, *Iudica me Deus & discerne causam meam de gente non sancta, ab homine iniquo & doloso erue me*: mais ou est ce nouueau Dauid qui les prononce? Quoy, nous estimez-vous des troncs de bois ou de pierre, qui ne puissions discerner entre le blanc & le noir? ou si vous mesprisez la consciéce de tant de gés de bien qui vous cognoissent dedans & dehors, lesquels sçauent que ces paroles ne vous conuiénent, non plus qu'vn habillement taillé à la mesure d'Hercules, ou du plus grand de tous les Titans, ne conuiendroit au plus petit de tous les Pygmees? Il faict bel ouyr parler de la chasteté & foy coniugale, mais à Suzanne non à Herodias: à Penelope non à Clitemnestra: Et faict bon ouyr loüer la vraye religion, mais à Ezechias non à Achab, à S. Hierosme non à Porphyre. Certes il faudroit bien nous auoir ietté de la pouldre aux yeux, & nous auoir du tout enchantez & enforcelez, deuant que nous vous peussions iuger autre par voz actions mesmes, tesmoin asseuré & irrefragable, que non seulement vous estes desnué de tout amour & zele à la religion Catholique, de laquelle vous faictes profession, mais aussi manifeste fauteur de l'heresie nouuelle, laquelle estant deuant vostre regne merueilleusement abbatue, & quasi preste à defaillir, n'a repris force & haleine que par vo', Car c'est vostre conniuence qui l'a nourrie, vostre faueur qui l'a cófirmée, & vostre protectió qui l'a haussée & aduantagée, de telle sorte, que maintenant toute enflée d'vn nouueau courage elle dresse les cornes, nous braue & menace fierement, & bat outrageusement à nos portes, toute preste d'entrer & faire piteux rauage de toutes les choses sainctes & sacrées de nostre religion, si la bonté de Dieu n'y pouruoit proprement de puissant remede. Mais pour restraindre ce propos à moy particulierement, & vous rendre raison du changement de mon affection en vostre endroit, i'appelle Dieu en tesmoin, cóbien i'ay tousiours detesté de conceuoir, ie ne dy pas opinion formée, mais pensée sinistre de vous, tant que i'ay peu apperceuoir quelque couleur ou apparence de deuoir en voz actions & combien i'ay trauaillé & sué pour me retenir en bonne opinion de tous voz deportemens, Aussi ne me pouuoit-il aduenir chose plus douce & plus aggreable, mesme ayant quelque ac-

cez à

cez à vous, que de vous honorer & reuerer cõme mon Roy & Prince naturel, & comme la viue representation de Dieu, duquel vous teniez la place en ce tres-grand Royaume. Ie l'ay mesme tesmoigné plusieurs fois en public en l'office de la predication, auquel il a pleu à Dieu me appeller, & n'ay craint de m'opposer à vne tres-grande multitude de gens de toutes qualitez, qui plus oculez que moy, couroient à l'opinion contraire. Et n'ay tenu compte ny des murmures & émotions populaires, ny du danger éminent de ma vie mesme qui me menaçoit: Ce qui est si frais & si public, qu'il a pour tesmoin la conscience d'vne infinité de personnes. Ie m'abusois, ie le confesse: mais le fondement de cest abus estoit la simplicité de mon cœur, qui se bádoit & roidissoit de tout son pouuoir en l'obseruation de ce commandemét, que nostre Seigneur nous faict en l'Euangile, *Nolite iudicare*, & faisoit tous ses efforts d'interpreter voz actions en bien. Et qui poussoit bien fort à la roue, c'estoit le beau semblant & apparence de pieté & deuotion que i'auois veu en vous, lesquelles choses interpreter en feintise & hypocrisie, n'estoit pas du goust d'vn esprit si peu rompu & desniaisé que le mien. Ie ne laissois toutesfois d'exhorter & animer le peuple de tout mõ pouuoir à la deffence de la religiõ, qui me sembloit bransler & comme flotter en la mer en tresgrãd danger de naufrage: & pensois en ce faisant (ignorant que i'estois) ne deroger aucunement, mais pluftost seruir à vostre intention, comme

B

celuy qui me faisois accroire, que vous n'auiez rien si profondement empraint dans le cœur, que la deffence de la religion, & l'extirpation de l'heresie. Or enuiron la feste de Noel dernierement passee, vous ayant ioué vne telle & si pitoyable tragedie, si pernicieuse & funeste, nō à la France seulement, mais à toute l'Eglise; Et s'estant le venin de vostre cœur si outrageusement respandu, à la ruine de la foy Catholique, non en quelque lieu secret ou caché, mais en la face des Estats de ce Royaume, & sur l'eschaffaut de toute la France : vray Dieu ! moy qui suis Chrestien & Catholique, sçachant & voyāt telles choses, que deuoy-ie faire ? Ne dire mot, ne bouger ny remuer comme vne souche, & les bras croisez estre spectateur oisif de l'embrasement spirituel de nostre maison spirituelle l'Eglise, dans laquelle nous auons esté engendrez & sommes nez à la vie celeste ? O silence desloyal, ô traistresse conniuence, laquelle nō seulement l'esprit Chrestien deteste, mais les oreilles mesmes abhorrent : hé qu'elle page de l'Euangile que ie presche ne me lapideroit ? quel poil mesme de l'habit que ie porte ne m'abismeroit de honte ? Ie remercie la bonté de Dieu qui ne m'a encor oublié iusques là, ny m'oubliera comme i'espere, & m'aduienne plustost, non pas la perte de ceste vie seulement, laquelle ie n'ay beaucoup occasion d'aimer, mais d'vn million de semblable si ie les auois, & de tout ce qui se peut penser de temporel ou creés'il estoit à moy, plustost que Dieu me laisse tōber en vne si profonde oubliance de luy & de moy-mesme. Ce n'est donc pas merueille si ie me suis recogneu, m'ayant vous mesmes par voz actiós dessilé les yeux, & ouuert l'entendement pour voir comme à l'œil le pernicieux & damné but de voz intentions: car en chose si claire & qui se presente si viuement à l'œil, il n'est pas permis de faire l'aueugle. I'ay donc cedé, comme la raison vouloit, & me suis rendu à l'euidence de la chose, considerant & remarquant en ces barbaries, meurtres & emprisonnemens que vous feistés faire à Blois, rapportez à voz autres actions vne ame non seulement vuide de religion, mais aussi couuerte à la destruction & ruine de l'Eglise. Car estant ce Royaume plein en tát d'endroits d'vne engence detestable d'ennemis de Dieu & de son Eglise, qui ont saisi tant de belles villes, occupé tant de grandes Prouinces, demoly les saincts Autels, embrasé les Eglises, esgorgé les Prestres & Religieux, pillé, saccagé & renuersé tout de fonds en comble, & qui plus est continuét tous les iours semblable fureur, à l'extreme deshonneur du nom de Dieu & dissipation de son Eglise, vous auez choisi telles gés entre tous les autres, pour estre le digne subjet de vostre faueur support & protection: au contraire les plus gens de bien, les plus vertueux & magnanimes de la France, qui estoiét le fouet & la terreur de ces mal'heureux & ne respiroient pas tant le vent & aleine naturelle de leurs poulmons, que la protection de l'Eglise, à la vertu desquels nous deuons apres

B ij

Dieu, ce que nous n'auons pas esté le butin & proye de ces rauissantes harpies, & ce qui nous demeure de Temples, d'Autels, de Religion, & la vie mesme : Bref que estoiét apres Dieu l'vnique esperáce de tous les Catholiques de ce Royaume. Ces personnages & Princes excellés lesquels ny vous ny nous, ny tout le monde ensemble, n'eust sceu dignement honorer ny recognoistre pour leurs merites, apres les auoir apastez par les plus insidieux artifices, qui furent iamais conceuz par la desloyauté Punique, & les auez les vns cruellement meurtris & massacrez, les autres indignement emprisonnez, pour ne dire les autres outrages & indignitez execrables que vous y auez accumulees ? Serois-ie si aueuglé de mon esprit, & si hebeté de tout iugemét naturel, que de ne coghoistre vne si horrible meschanceté, & vne si manifeste conspiration contre nostre saincte foy Catholique ? Ie laisse le rapport & conuenance de tant d'autres actions vostres, qui seroiét long à dire, & de vóz principaux Conseillers, qui tous ensemble sont comme des pieces rapportees, qui conuiennent tres-proprement & correspondent naïfuement à la structure de ceste intention damnable. Ce que vous auez tousiours taché de voiler & desguiser, par vn masque emprunté de diuerses inuentions, & par ce moyé tenir en suspens & ambiguité le iugement des esprits retenus & craintifs. Mais en fin le Soleil de verité s'esleuant à la hauteur du clair midi, a percé à iour & dissippé tous ces nuages & brouillats de simulation, & a mis vostre desseing au iour & en euidence deuant les plus grossiers. Estans donc ces choses si manifestemẽt dressees à la ruine de nostre saincte Religion, ou seroit l'affection & zele que Dieu m'a donné à son honneur, pour l'amour duquel i'ay quitté mon pays, mes parens, & la vie seculiere, si voyant vn si grand malheur, ie ne m'en esmouuois, & si en la compagnie de tãt de gens de bien, ie n'excitois tout ce peu que Dieu m'a donné d'esprit & de courage, pour tacher de destourner de dessus nos testes vne si effroyable tempeste? Si ne dira-on pas que i'aye esté le premier des Predicateurs à vous reprendre & censurer en public: Plusieurs ont eu l'hõneur de m'y deuancer de beaucoup, & n'ay desisté de vous recommander en mes Sermons, & prier Dieu publiquement pour vous, iusques à ce que par le iugement de l'assemblee des Docteurs de ceste grande & docte Vniuersité, i'ay veu vostre nom effacé de la memoire de Dieu, & raclé du liure de vie eternelle: auquel iugement ie me suis conformé en obeyssance, & ay depuis dict & presché de vous aux occasiõs qui s'en sont presentees, ce qu'auec la nue & sincere verité, le zele de l'honneur de Dieu m'a inspiré au cœur & mis en la bouche. Et vous dictes en vostre lettre, qu'estãt à la chaire de verité, ie n'y faits que mentir : mais pour quelle fin? Car que ie mente sans cause, il n'est pas vray semblable: est-ce volontiers pour mendier le vent & la faueur du peuple, ou bien des Princes & Seigneurs de l'Vniõ, àfin d'estre par les vns ou

B iij

par les autres aduancé en quelque riche Abbaye ou Euesché? Si ie dy que non, nul ne sera tenu de me croire, car ie puis mentir, & n'y a moyen de penetrer en mon cœur, pour descouurir ce qui en est: mais le faict & l'œuure le descouurira tres-asseurement. Il y a neuf ans qu'inspiré de la grace de Dieu, qui m'honora d'vn si grand heur, i'entray & prins l'habit en la congregatiō des Feuillans, ou depuis i'ay tousiours perseueré par ceste mesme grace; vous n'estes pas à sçauoir comme nous y viuōs, ny de quelle maniere de nourriture, de vestemens & de lict nous vsons. Et ce trestous sans exceptiō ny difference quelcōque, de clercs ou laiz, grāds ou petits, premiers ou derniers, superieurs ou subiets. Or si perseuerāt de si long temps en ceste façon de viure, i'ay comme dans le sein vn feu de si ardante ambition, que de pretendre & aspirer aux Abbayes & Euesches, ie vous faitz iuge vous-mesmes, ou celuy qui vous plaira de tous voz plus habiles Argus & Conseillers politiques, si ie ne suis pas le plus estrange homme que vous ayez onques veu, & comme vn monstre en la nature. Et die, celuy qui en iugera, s'il voudroit luy-mesme au pris d'vne si longue cōtinuation de telle façon de viure, paruenir à la plus riche & honorable Archeuesché de ce Royaume. Certes si en ceste maniere de viure que i'obserue par la grace de Dieu du mieux que ie puis, & pour le moins tres-allegrement ie cache vne ame faulse & hypocrite, ceste hypocrisie me couste merueilleusement cher, & peut on dire de moy, que ie suis singulier & nompareil en simulation entre les hommes: ce qui n'a face ny couleur de vray-semblance, dont il est aisé à cognoistre, que ie ne presche point contre ma conscience. & n'est ma langue serue d'aucune passion qui luy donne loy, mais fidele ministre & messagere de mes conceptions selon le commandement de Dieu.

Aussi peu de raison y a-il en ce que vous mesdictes des bons Catholiques vnis, en les appellant iniurieusement traistre trouppeau, & vous glorifiant d'auoir plus de zele qu'eux à la religion Catholique, iusques à dire, que quiconque le voudra nier aura menty par la gorge: ce sont de braues & magnifiques paroles, mais qui ne sont que paroles espandues en l'air, autant en emporte le vent. C'est vostre ancienne maniere de piper le monde, de laquelle vous auez tant vsé ou plustost abusé par le passé: Et le traistre chāt de Syrene, par lequel vous auez endormy vne infinité de personnes, lesquelles se sont à la parfin esueillees & recogneues à leurs despens. Loué soit Dieu, qui a descouuert ce faux artifice, non seulement aux clair-voyans & prudens, mais aussi aux plus simples & idiots: de sorte qu'il n'y a personne, s'il n'est preoccupé de passion & opiniastreté intollerable, qui ne voye le iour à trauers. C'est vne trahison descouuerte qui ne peut plus nuire, c'est vne mine esuentee, qui ne peut plus tromper aucun: Fermez vostre boutique, nous cognoissons trop à noz despens la desloyale marchandise que vous y estallez, qui est toute rance & moisie : vous ne vendrez plus voz coquilles à persone de nous, & ne gaignerez rien à les nous presenter, mais vous perdez beaucoup, & empirez vostre marché de pl⁹ que vo⁹ ne pensez, en vous enfonçant tousiours plus profondement dans le mortel abisme de l'ire de Dieu, qui est preste à vous engloutir, duquel il seroit bien meshuy temps que vous missiez peine de sortir. Or n'est-ce pas en se iustifiant soy-mesme qu'on s'en met hors, mais en accusant & recognoissant sa faute d'vn cœur froissé & humilié, disant auec l'enfant prodigue Mon pere, i'ay peché contre le ciel & contre vous, & ne suis pas digne d'estre appellé vostre fils : mais tout au rebours, vous vous obstinez plus fierement en vostre superbité aueuglee, & demeurez si fermement arresté en vostre desmarche, qu'on ne voit en vous aucun signe de recognoissance, abusant de la grace que Dieu vous faict de vous prolonger ceste vie, & vous donner espace de penitence.

IE vous escrits cecy d'vn cœur extremement esmeu de pitié & compassion, pour le douloureux sentiment que la charité Chrestienne me faict auoir, de l'effroyable abisme de perdition, dans lequel vous vous precipitez. Mais vous m'obiectez au contraire, Monsieur des Feuillás mon Abbé, qui fauorise vostre party, & pensez m'astraindre par là, comme par vn nœud Gordien indissoluble : à quoy ie vous respond que c'est vn homme, le iugement duquel se peut tromper en vne infinité de sortes, mesmes pour

les

les beaux semblans & mines exterieures, qu'il a veu en vous, sans auoir penetré dans l'interieur de vostre ame, par aucune communication que vous luy ayez daigné faire, de chose qui côcernast voz affaires ou vostre conscience: Et quoy qu'il en soit le poix de son opinion ne peut estre tel, qu'il ne soit en la balance plus que mil fois contre-pesé par l'authorité de tant de grands & eminés personnages, tant en pieté qu'en sçauoir, & par vn monde de gens de bien qui sont resoluz au contraire: aussi n'est-ce pas à vn particulier à qui l'ombrage de quelque affection humaine, peut en tant de façons desrober la lumiere de verité, de blanchir de si noires taches qu'on void en vostre robbe, ny de iustifier vostre cause: Ne vous chatouillez point de ceste approbation, qui ne vous garantira pas deuant le Tribunal du souuerain Iuge: mais côsiderez l'vnanime consentement des plus grandes, plus notables, & plus Catholiques villes de ce Royaume: & ou la doctrine, vertu, pieté & religion fleurissent le plus. Regardez ces fameuses Vniuersitez de Tholoze, Poictiers, Bourges, Orleás & autres; & principallement celle de Paris, dont la renommee s'estend aussi loing, que le nom de la foy Chrestiéne: Puis l'atrocité de voz actiós, a contraint le peuple François, le plus maniable & obeyssant à ses Rois de tous les peuples de la terre, de secouer vostre ioug. C'est vn prejugé qui ne vous charge pas peu: Ie ne parle point d'vn deluge de desordres & côfusions, ou vous auez en partie laissé toutes choses en ce Royau-

C

me, tant en l'eſtat Eccleſiaſtique, que Ciuil, ayāt moyen d'y remedier, en partie mis & plongé vous-meſmes: ny de l'oppreſſion tyrannique du peuple, lequel vous auez foulé & rogé iuſques aux os, faiſant des biens de voz ſubjets, comme ſi vous n'en euſſiez eſté Seigneur ſouuerain ou Roy ſimplement, mais poſſeſſeur & proprietaire: Ce qui vous à eſté remonſtré vne infinité de fois, & auec tres-hūbles & tres-inſtantes requeſtes auez eſté ſupplié, imploré & cōiuré par toutes choſes ſainctes & ſacrées, d'oſter ces malheurs, ou pour le moins les moderer: mais on n'a iamais peu arracher cela de vous: Ains au contraire, comme vous moquant de tous voz ſubiets, & vous baignant en la calamité publique, vous n'auez iamais ceſſé de mettre du bois dans le feu, & d'accroiſtre ces abus, leſquels cōme chacun voit, ne ſont pas ſeulement inuiſibles ou dommageables à l'eſtat, mais pernicieux & mortels, & menaçant ce Royaume de proche ruine. Dont quand il n'y auroit autre choſe, la raiſon manifeſte fondée en la neceſſité de ſauuer l'eſtat, pour lequel eſt le Roy, non l'eſtat pour luy, & l'exemple tres-approuué de tant de peuples anciēs, & des François meſmes, nous abſoult de voſtre obeiſſance, voire nous oblige de la rejecter, veu meſme qu'en ceſte perte d'eſtat, il ne s'agiſt pas ſeulement des biens temporels, qui ne ſōt que pour le ſeruice de ceſte corruptible chair, mais encor des bōnes mœurs des ames & conſciences, de toute vertu, pieté, & religion, leſquelles choſes on voit s'eſcrouler tous les iours & aller en ruine par ces desordres & déreglemens. Mais ce que ie regarde principalement, & à quoy ie m'arreste plus, c'est l'Interest de la foy Chrestienne & Catholique, seul fondement de salut, laquelle vous nous ostez des mains, tât par la faueur manifeste que vous portez aux heretiques, que par la demolition dernierement faicte à Blois des principalles colonnes d'icelle. Qui nous esmouuera, si ceste iniure ne nous esmeut? sinon qu'on veuille dire, qu'il ne soit iamais loisible à vn peuple de resister à son Prince, pour quelque occasion que ce soit: Ce que la raison naturelle, la pratique de nos ancestres, les saincts Canons & Decrets, & l'Escriture saincte mesme desment. Mais vous fermez les yeux à toutes raisons & authoritez, & ne voyez le Soleil en plain Midy. Vous criez & protestez contre nous, & nous faites coulpables & criminels de la plus grande desloyauté & meschâceté qui fut onques, & m'accusez particulierement d'ingratitude, me reprochât que vous nous auez establis, Dieu sçait quel establissement & nous le sentons tous les iours. Mais posé que nous eussions receu de vo' toutes les commoditez & aduantages, que congregation de Religieux ait iamais receu de la liberalité de Charlemaigne ou de S. Loys, vous n'ignorez pas que nul de nous n'en auroit vne espingle d'auantage, ains le bien-faict en demeureroit à l'Eglise, & la recompense vous en pourroit estre gardee au ciel. Aurois-ie pour ce pris engagé ma liberté naturelle si indignement, que

C ij

vous attentant appertement contre l'Eglise, dôt vous deuez estre deffenseur, il ne me fust permis de dire mot? Y a-il thresor au ciel ou en la terre par lequel ie peusse estre tant obligé à hôme viuant, que le voyant conspirer contre l'honneur de Dieu & le bien de l'Eglise, il ne me fust permis de crier & de m'opposer à luy, mais fusse contraint de trahir vn si precieux gage que nostre saincte foy & religion, la voyant en hazard de nous estre rauie des poings? Certes vne telle meschanceté ne doit pas seulement halener l'ame d'vn Catholique, ie ne dis pas d'vn Religieux, & ne le pouuiez esperer de moy, qu'en me peignant en vostre ame des couleurs d'vn homme priué d'entendement ou de religion. Ie ne suis pas si prodigue d'vne si precieuse dérée que l'honneur de Dieu, qui sans proportion excede, tout ce qu'il y a de grád en tout le ressort & Iurisdiction du temps & des choses temporelles. Ie ne suis pas si aueuglé marchant, que de laisser à si vil pris, ce que nostre Sauueur m'a acquis au pris inestimable de son sang. Et si ie vo⁹ suis redeuable pour voz biens-faits de quelque chose, ie ne suis si mauuais mesnager, que de le vous vouloir payer aux despens de ma consciéce & de ma religion : Ie recognois volontiers mes superieurs, & leurs suis seruiteur tres-humble, mais sans sortir de la ligne de la premiere obeyssance que ie dois au supréme, Seigneur des Seigneurs, auquel des-obeyr est perir. Ie suis aussi seruiteur & subject du Prince que Dieu à establi, mais iusques aux Autels, en la sainctété desquels ie trouue comme vne barriere de fer qui arreste sus bout ceste subiection, & ne luy permet de passer outre. Ie n'ay point donc failly à mon deuoir, en vous contrariant pour le zele de l'honneur de Dieu, mais ay tesmoigné par là, ma foy & religion, comme tout bon Chrestié est tenu de faire. Cessez de prendre les choses ainsi à rebours & à contre-poil, & ouurez les yeux pour rechercher & recognoistre l'origine de vostre mal, qui est en vous-mesmes & nō ailleurs. Reste maintenant que ie respóde à ce que vous dictes, que ceste vnion des Catholiques n'aura point de pouuoir d'exécuter son intention. On void desia que si, & à bonnes enseignes au grand estonnement de vous & de tous voz discoureurs politiques, qui nous est comme vn arre d'asseurance, sur laquelle nous nous promettons beaucoup d'auantage. Et certes ie ne croy pas que l'ire de Dieu soit encor si rougissante sur noz testes, ou que nous soyons si esloignez du soleil de sa misericorde, que nous ne puissions esperer vne entiere deliurance de vostre pouuoir & oppression tyrannique. Ie ne croy pas que Dieu desdaigne tant de prieres affectueuses, tant d'humbles & ardens souspirs & gemissemens, excitez par son esprit mesme, qu'il ne peut esconduire, & accompagnez du merite de tant de ieusnes, aumosnes, haires, disciplines & autres austeritez qu'on à veu en tant de villes, & void on encor pratiquer à ceste intention à tant de bonnes ames, de tout aage, sexe & qualité. I'espere que tant de pitoyables voix coniureront sa clemence, & tant d'actes de deuotiō amoliront son courroux, & forceront sa bonté de nous faire misericorde. Ie me promets que la tres-glorieuse vierge Marie, S. Michel & les Anges tutelaires de la France, & tant de glorieux saincts & sainctes qu'elles a enuoyez au ciel intercederont pour nous, & arresterōt le coup de l'ire de Dieu qu'elle ne nous reiette & extermine pour ceste fois. Que si pour la grauité de noz offences, sa iustice nous auoit desia condānez, il retractera l'arrest & reuoquera la sentēce, comme il fit aux Niniuites conuertis à penitence. Mais posé que le demerite de noz pechez, estant le vaisseau de nostre iniquité reply & comblé, nostre damnation fust irreuocable, & Dieu fust tant irrité contre nous, que de nous laisser tomber soubs vostre domination: quand il luy plairoit nous traicter ainsi, toutes ses œuures sont sainctes, son nom soit à iamais beny, & soit ployé tout genouil pour adorer la saincteté de ses iugemens: Certes en tel cas ie plaindray l'abolition de nostre religion, que ie tiens toute asseuree en ce beau Royaume: Ie regretteray l'infortunee posterité, qui sera priuee de ce chandelier de la foy, & de cest arbre de vie eternelle: Ie deploreray les enfans, qui arrachez du sein & des māmelles de leur mere l'Eglise, seront piteusemēt habādonez à ceste paillarde & infame heresie. Mais pour le regard des gens de bien, & fermes Chrestiens qui sont à present, i'espere que leur condition n'en empirera nullement, ie croy que le moindre de tous n'aura pas moins de courage que moy, qui par la grace de Dieu me sens auoir vne telle affectiõ en ceste cause, que sans dependre de l'euenemét quel qu'il plaise à Dieu nous le donner, ie ne regarde qu'au deuoir, & iette mes yeux à la volõté de Dieu comme le marinier à son Noat, & à ce qu'elle requiert de moy, ne cherchant autre chose, que de luy faire seruice aggreable: sçachant, Dieu mercy, qu'à ceste premiere & souueraine volonté, qui a produit toutes volontez il est deu de droit par sa creature raisonnable, qu'elle dresse & compasse tous ses mouuemens au branfle d'icelle, & toute autre direction de noz volõtez, n'est qu'erreur. C'est le but auquel ie rends singulierement en cest affaire, hors duquel ie ne desire, & ne veux rien absolument: & tous vrais sages Catholiques font le semblable. Parquoy ne dependant nostre contentemẽt que de ceste volõté qui est tousiours en nostre puissance, moyennant la grace de Dieu, & n'estant fondé sur l'heur ou succez exterieur, il est tout clair que nous auons tousiours nostre souhait, & nulle trauerse d'aduersité publique ny priuée, ne nous en empeschera iamais. Que s'il faut y perdre ceste vie, loué soit Dieu, qui nous a baillé moyen de payer ceste debte sans emprũt: nous auons vn corps que le fer penetrera: nous auons du sang qui coullera sous le cousteau: mais nous auons vn esprit qui sortit sans regret de ceste vile prison, & en vollera librement au ciel à celuy qui l'a creé: & nous promettons de la bonté de Dieu, qu'à tel besoing il nous forti-

fiera de la constance, qui nous sera necessaire pour souffrir que vo' souïllez vostre courroux de nostre sang, & laissiez mesmes vostre cruauté des supplices. Cognoissez par là, combié peu nous craignons vostre puissance, laquelle toutesfois on void estre bien loing de nous reduire soubs vostre main, & n'y paruiendrez iamais : Que si Dieu le permettoit, ie diray cela q̃ vous croyez mal-aisément, il n'y a chose en ce monde qui vous vint si mal à point, ny qui fust tant vostre ruine : Car tant plus vous aurez d'heur & de victoire, tant plus irreparablement vous enfoncerez-vous en misere: & vous seroit meilleur sans comparaison, que le malheur temporel qui vous tallonne desia de prez, vous eust attaint & accablé du tout, que si ceste pestilente & fallacieuse prosperité vous arriuoit. Car obtenant le desiré succez de voz affaires, ô quel torrent de meschancetez enormes, & principalement d'impieté & d'heresie vous espancheriez en ce Royaume, & quel rauage vous feriez de toute saincteté & religion! Vostre pouuoir alors monté à l'egal de vostre vouloir effrené, acheueroit de difsiper & aneantir, tout ce qui nous reste de vraye & Catholique pieté, qui vous seroit vne surcharge & redoublement de malheur & damnation eternelle, que vous n'eschapperiez iamais. Mais si au contraire l'affliction temporelle qui vous combat & vous tient aux prises, acheue de vous abbattre, & par ce moyen abbaisse les cornes de ce presumptueux orgueil qui vous enfle, ie sçay qu'il n'y a rié au
monde

monde que vous craignez tant, & ne pouuez penser que plus grand malheur vous peuft aduenir: Mais la charité Chreftienne qui me faict auoir pitié de voftre ignorance, me contraint de vous dire que c'eft vn tref-grand & fouuerain moyen de voftre bien & falut. Et si parmy tant de fignes mortels qu'vn chacun peut remarquer en voftre ame, refte quelque peu de guerifon, c'eft fans faillir qu'vne extreme affliction fera le medicament qui la vous moyennera. Aussi eft-ce là plus profitable & falutaire drogue, que le fouuerain medecin du ciel ordonne & applique aux plus malades, & quafi plus defefperees ames: comme la pratique s'en eft veuë en Nabuchodonofor Roy des Afsiriés, qui pour la gloire d'vne si grande Monarchie, à laquelle Dieu l'auoit efleué, & pour les grandes victoires qu'il auoit obtenues fur les ennemis, au lieu de s'humilier deuant le Monarque du ciel, qui l'auoit tant honoré, le mefcognoiffoit d'vne incroyable fuperbité. Dieu pour l'humilier, luy ofta fon royaume, & toute fa grandeur, le chaffa de la compagnie des hommes, & le confina en l'habitation champeftre des forefts & deferts, ou par l'efpace de fept ans, ayant le ciel pour tout couuert, il brouta l'herbe des champs auec les beftes fauuages: fon corps fut expofé à la pluye & rofee, & à toutes les iniures de l'air, & fes cheueux & ongles luy creurent en enorme lõgueur & difformité, de laquelle aduerfité il receut tel fruict, que fon cœur hautain s'humilia deuant la puiffance de Dieu, & apprint de recognoiftre

D

par l'afflictiō, celuy que la prosperité luy auoit fait oublier. C'est exéple vous represente naiuement l'efficace & vtilité de l'affliction, pour remettre les ames esgarees au chemin de salut, & ie le vous propose pour vostre instruction, à fin de vous exciter à en faire vostre profit. Car vous estes si auant engagé dans la mesme misere que toute l'esperance qui peut rester de vous, ne consiste qu'en la rigueur, de laquelle Dieu commence d'vser enuers vous, en vous affligeāt rigueur misericordieuse, s'il ne tient à vostre du tout aueuglee & Pharaonique obstination. Il semble que Dieu fasse en vostre endroict, ce que le charitable medecin faict enuers le phrenetique, lequel ne cognoissant pas mesme qu'il est malade, refuse tout remede, le medecin le faict attacher, & luy faict prendre par force, ce qu'il n'a voulu prendre de bon gré pour sa guarison. Que faict autre chose Dieu en vostre endroict? vous estant obstiné à reietter tous les remedes qu'il vous a presentez, il vous cōtraint de prendre le breuuage de l'affliction, le plus puissant & souuerain de tous les remedes de la medecine spirituelle: & malgré la resistāce que vous faictes de pieds & de mains pour ne le prēdre, vous contraint de l'aualler. Ie vous diray franchement, que voyant ce traict de sa charité enuers vous, i'admire le soing & prouidēce paternelle qu'il vous monstre, & voy ce me séble tout à clair, qu'il ne vous a du tout abandonné. S'il eust tranché le fil de vostre vie parmy le cours de voz pechez, ou s'il vous dēnoit maintenant toutes choses à gré, vo⁹ seriez perdu sans remede : mais vous frappant de ce fleau d'affliction,il vous ouure le chemin royal de la penitence pour vous releuer. Il est vray que ce remede a de l'aspreté & violence, ie le confesse, mais il est tresopportun & efficacieux,& tel que le requiert l'extrémité de vostre mal,suiuant le dire des medecins,qu'aux maladies extremes il faut appliquer extremes remedes. Vn si grand amas de superbe, comme vn rocher d'humeur gluante & visquente, n'a peu en estre attaché par les ordinaires purgations : il a fallu y employer ceste forte & poignante quinte essence, qui pour sa violence semble plustost poisõ que medecine,& a vne si presente vertu purgatiue, que celuy qui en prend dose suffisante, & n'en est purgé,se peut dire du tout incurable & abãdonné des medecins. Ce que la charité Chrestienne, dont ie vous aime en nostre Seigneur Iesus-Christ,me faict vous representer : vous suppliant au nom de ce grand Dieu qui a creé le ciel & la terre,prendre vn peu de loisir & de patience,pour considerer à part vous,si vous n'estes point de mesme substance ou espece que le demeurant des hommes. Et si pour auoir porté vn diademe sur la teste,vous estes exempt de la commune obligation & tribut de la mort, que nous deuons tous payer à nature : ou si mourãt vous aurez quelque immunité ou priuilege singulier,pour ne comparoistre deuant le Tribunal du fils de Dieu,qui nous doit tous iuger:ou si par la terreur de la dignité royalle dont vous

D ij

auez esté honoré, les feux eternels, & autres tourmés d'enfer, ne s'oseront approcher de vo9. Que si vous cognoissez que pour le regard de toutes ces choses, vous estes du rang du demeurant des hommes, ou pour mieux dire, que pour les grands auantages desquels la liberalité de Dieu vous a fauorisé par dessus les autres hommes, vous ferez vn rang à part, pour souffrir vn plus rigoureux examen, & plus dure punition estant trouué coulpable, que nul des autres : Ie vous supplie si vous croyez fermement & tenez indubitables ces choses comme elles sont : quel breuuage d'oubliance vous a tant charmé le iugement naturel, qu'on vous voye faire de toutes voz actions & deportemens, comme vn camp & amere rangee, pour offencer celuy qui a si merueilleuse puissance sur vous, & qui vo9 doit si rigoureusement iuger, sinon que vous ne le pensiez point offencer en trahissant nostre religió Catholique, pource que vous n'y adioustez nulle foy. Mais vous vous abusez. C'est ceste seule religion qui nous sanctifie, nous loge dans le ciel, nous cóioint & vnit à Dieu. Ce que vous auez tousiours faict monstre de tenir & croire par semblant exterieur, vous auez mesme esté baptizé en ceste foy, & auez plusieurs fois solénellement promis & iuré, de la mainter & deffendre iusques à la derniere goutte de vostre sang, donc vous ne pouuez de droict la mescongnoistre. Mais vous l'auez tousiours mescongneuë d'effect, & la mescongnoissez encores, ayant tasché par vn long téps par menees sourdes,& depuis quelque temps en ça tout ouuertement de la nous oster. Que si quelque estincelle de la crainte de Dieu vit encor en vostre ame, si quelque mouuement ou respiration de vie spirituelle se trouue encor en vous, si quelque sentiment de Dieu vous demeure, qui vous demeure, qui vous distingue d'auec vn obstiné & desesperé, qui n'a plus aucun regret à la misericorde de Dieu,& n'attéd plus que le coup du dard de la mort,qui le confine auec les damnez, resueillez-vous de ce mortel endormissemét, & ouurez les yeux, pour veoir le dangereux abisme dans lequel vous estes prest de tresbucher. Voyez l'ombre de la mort eternelle qui s'espád à l'entour de vous,& desia vous couure & serre de prez: voyez les feux & flammes d'enfer qui ondoyent & petillét desia tout aupres de vous. Car c'est l'appennage & portion ineuitable des impies & contempteurs de Dieu, comme vous, dont au mesme instant de la mort ils prennent possession. Et si ce danger vous alarme, vsez de l'auantage que tous les hommes ont tant que la vie leur dure, de pouuoir, moyennant la grace de Dieu qui ne leur defaut iamais, se desprendre & arracher des prinses de peché. Que la cognoissance de vostre peril vous espouuante, & l'espouuentement vous excite & mette des aisles à voz pieds pour vous sauuer de vistesse au port de la saincte penitence,lequel vous est ouuert, tant que la patience de Dieu vous laisse en ce pelerinage. Que si vous attendez qu'il soit acheué (ce qui sera, peut estre bien tost) la porte

D iij

vous en sera barree, & l'entrée pour iamais defendue, & regretterez trop tard l'occasion & opportunité fauorable que vous en auez maintenant : prenez-la par les cheueux pendant que elle se presente. Il n'y a rié si glissant & si fuyard ny qui eschappe plus facilement pour peu qu'ō s'endorme à l'empoigner, laissant son hōme battu dans l'ame d'vn vain repentir. N'ensuiuez pas l'endurcissemét de ce miserable Pharaō, lequel s'aheurtant opiniastrement contre les fleaux de Dieu, & regimbāt contre l'esperon, mourut obstiné : mais imitez la recognoissance de ce Roy Assyrien, lequel s'humilia deuant la majesté de Dieu, & en obtint misericorde : Il rōpit les liés de peché qui le tenoient, & secoüa le joug de sa vanité, pour encoller le joug de Dieu. Ce vous est vn tresbeau miroer & exēple si vous le sçauez regarder. Prenez vn peu de relasche de voz folles fantasies, pour descendre en la consideration de vostre misere, & vous remettre deuant les yeux, que par voz malheureux deportemēs, vous vous estes rendu l'object de la maledictiō de la France, & pierre de scandale à toute l'Eglise : & auez mis ce grand Royaume, duquel Dieu vous auoit donné le gouuernement, en toute extremité de trouble, guerre, & combustion. Et si cela vous semble malheureux & dānable, comme certainement il l'est, recourez au dueil & aux larmes de la penitence : prosternez vous deuant la Majesté de Dieu, commençāt de l'appaiser par vne volontaire & entiere renonciation du sceptre, duquel vous auez tāt abusé, pour y estre pourueu par les Estats de la France, de quelque iuste, vertueux & Catholique Prince, qui mette la main & trauaille à bon escient à reparer les ruines que vo9 y auez faites, & soubs la iuste domination duquel, ce pauure Royaume puisse respirer de tant de malheurs qui le pressent, & principalement de ceste maudite & pernicieuse heresie qui l'estouffe. Ceste renonciation estant acte de grand effort, & d'vne haute & difficile resolution, sera vne grande partie de vostre satisfaction enuers Dieu, & aura vne merueilleuse efficace pour vous reconcilier à luy. Ce sera vn sacrifice de tres-souëfue odeur deuant sa Majesté, qui amolira son courroux, & adoucira son indignation à l'encontre de vous: A quoy pour faire vne parfaite penitence adiousterez l'abnegation & renoncement de vostre propre volonté & liberté, en espousant le sainct estat de religion en quelque sainct monastere. Ie croy que la Roine vostre femme (sa vertu luy donne pour iamais le tiltre de Roine) ne fera difficulté d'y consentir. Et là mettez vostre ame comme dans la fournaise d'vne saincte mortification, pour la refondre & renouueller, afin que vous l'espuriez de tant de crasse & ordure qu'elles a accueillies par tát d'annees qu'il y a, que vous viuez en oubliance de Dieu: & auec la lime de patience, nettoyez-la de la mordante rouille de peché qui la ronge & consomme, & refigurez-y l'image de Dieu, de laquelle l'ennemy d'enfer a effacé tous les traits & lineamans, pour y peindre la sienne. Vous acheuerez par là deffrayer vos iniquitez de ce liure de damnation, où le doigt de la iustice de Dieu les a escrites, pour les venger en sa faueur, & esteindrez le feu de son ire, qui est prest de vous deuorer. Ie tais le repos & tranquilité de consciece que vous y acquerrez, & la consolatiõ du S. Esprit de douceur inestimable, laquelle mõ bas & ignorant stile ne presume d'exprimer: aussi est-ce la vraye manne du ciel, dont la suauité nõ pareille ne se laisse cognoistre, que par ceux qui l'ont goustee & sentie par espreuue, & leur est comme vn arre & aduance des delices celestes. Et quand vne ame en a vne fois gousté, toutes les douceurs & voluptez du monde perdẽt leur credit en son endroit, & luy viennent à desdain & contre-cœur. Ie laisse encor le paradis & la gloire celeste, pour laquelle Dieu nous a creez, de laquelle vous vous asseurez par ce moyen, à fin d'en prendre vn iour la tres-heureuse & immortelle possession. Quelle plus grande ou plus certaine richesse & grãdeur pourroit estre souhaittee, par toute l'auarice & ambition des mortels? Que si l'estrãgeté de ce moyen que ie vous propose vous estonne, considerez que S. Loys, Roy de France comme vous, mais bien autre que vous, l'a desiré & recherché, cõme tesmoigne son histoire: & ne tint qu'à la Roine sa femme, laquelle refusa d'y consentir, qu'il n'effectuast son desir. Si ce Roy, si iuste & si saint, auquel pour la pureté de son ame, ce moyen de salut estoit si peu necessaire, l'a toutesfois appeté, vous esbahissez-vous que ie le vous cõseille, qui pour

l'expiation

expiation de tant de pechez, & la purgation de tant de mauuaises habitudes, en auez vn extreme besoing? Si le sain n'a que faire de medecine, la prend neantmoins pour la confirmation de sa santé, que doit faire le malade, qui ne s'en peut passer sans mourir? Si l'exemple de S. Loys ne vous plaist pource qu'il ne meit en effect ce sainct desir, vous auez Carloman Roy de France, & oncle de Charlemaigne, qui apres auoir regné sur ce mesme Royaume, changea volontairement la Royauté à l'Estat Monastique, & mourut en iceluy au monastere de Mocassin en Italie: Vous auez vn Héry frere du Roy de France, qui print l'habit de religieux à Cleruaux, de la main de sainct Bernard. Vn Isaac Empereur de Constantinople, qui quitta l'Empire pour faire le semblable. Vn Iosse Roy d'Angleterre, qui renonça à sa couronne pour la vie heremitique. Vn Alexadre fils d'vn Roy d'Escosse, qui prefera à l'estat royal l'office de pauure berger en vn monastere de France. Vn Celestin Pape, qui changea volontairement à vn froc la dignité Papale, & tant d'autres tres-grands Rois, Princes & grands Seigneurs innumerables, pour me taire des Princesses, Roines & Imperatrices, qui en ce sexe plus infirme, ont d'vn cœur plus que masle prins le mesme party, dont l'histoire nous est fidel tesmoin. Voire il y en a eu, qui bruslans du feu de l'amour de Dieu, & ardamment irritez contr'eux mesmes, pour la souuenance de leurs pechez, ont vsé d'estranges & espouuentables penitences & mortifications: comme Guillaume, le dernier Duc de Guyenne, qui par l'espa-

E

ce de dix ou douze ans les derniers de sa vie, porta vn corps de cuirasse souz vn habit de Religieux: Et Foulques Comte d'Anjou, qui alla iusques en Hierusalem, pour là se faire foüetter à deux de ses vallets, la corde au col deuant le sepulchre de nostre Seigneur. O si l'esprit de Dieu auoit tant de credit sur le vostre, que de le faire quelquefois arrester à vne viue & fixe consideration de la grauité de voz offences, & de l'estroite & inexorable rigueur du iugement de Dieu contre les obstinez, combien plus de matiere trouueriez-vous en vo°, d'entrer en vn sainct & implacable courroux contre vous-mesmes, & vous resoudre de ne vouloir plus prolonger vostre vie, que pour venger & punir sur vous, tant de grands & enormes pechez q̃ vous auez cõmis, & par ce moyẽ obtenir la misericorde de Dieu! Vous ne voudriez plus auoir de corps, que pour le macerer par austeritez: Vo° ne voudriez plus d'yeux, que pour pleurer voz pechez: de respiration naturelle, que pour remplir l'air de souspirs: de langue, que pour crier mercy à Dieu, & parmy ces pleurs & lamentations trouueriez plus de consolation & vray contentement en vn iour, que toutes les pompes & delices du monde ne vous fourniroient en mil ans. Et en fin pour couronnement de l'œuure, vous sauueriez vostre ame, & acquerriez le Paradis. Que si vostre obstination vous faict reietter ce conseil, il auiẽdra peut-estre biẽ tost, que vous acheuerez de perdre le reste de voz plumes, & tombãt en extremité de misere & desolation, voudriez auoir pris ce cõseil, & ne pourrez: ou si le pouuoir vous en demeure, ce ne sera ny auec tel merite enuers Dieu, ny auec tel honneur enuers les hômes, que si vous le faisiez à present, que la necessité ne vous serre de si pres. Car ou la necessité est, la vertu ne trouue pas beaucoup de lieu, comme celle qui iouë beaucoup plus volontiers son roolle en vn franc & libre subiet : & n'y estant la vertu, l'approbatiõ des hommes & profit d'édification n'y peut estre. Parquoy s'il reste en vostre ame quelque capacité de recognoissance, & si le vin d'erreur & d'estourdissement n'a saisi tellement toutes les parties d'icelle, que meilleur aduis n'y puisse auoir accez : prenez ce conseil que ie vous donne, de la sincerité que ie desire que Dieu trouue en mon ame, lors qu'elle partira de mon corps, pour estre presentee deuant le throsne de son iugemẽt: ou pour mieux dire, prenez le conseil que Dieu mesme vous dõne par l'organe de ma parole grauee sur ce papier: Oyez la voix de ce bon pasteur & pere debonaire qui ne desesperant encor de vostre salut, vous appelle, & peut estre pour la derniere fois, au tres asseuré & salutaire port de la penitence, souuerain remede de voz maux. Que souz le marteau d'vn si veritable aduertissement qu'il vous dõne par moy vostre cœur de pierre se destrempe & amolisse, & que par vne telle & si necessaire obeyssãce vostre, sa Majesté diuine soit honoree, la charité des biẽ-heureux Anges & saincts de Paradis resiouye, l'Eglise qui verra cet exẽple consolee, vostre ame que la damnatiõ haleine, deliuree, & la malice du diable qui ja la deuore par esperance, confuse. Ie proteste encor vn coup deuant celuy qui voit le secret des cœurs, la candeur & sincerité de mō affectiō en ce fait, & appelle le ciel & la terre tesmoins de ce mien escrit, esperant qu'il viendra en voz mains, afin qu'au cas que vous n'en teniez cōpte (ce qu'à Dieu ne plaise) il vous soit representé en face au iour du iugement, en tesmoignage & condamnation : aussi ne faut il douter que si vous mesprisez de vous recognoistre, soit par la voye que ie vous propose, soit quelque autre voye semblable, & si vous ne cessez de persecuter l'Eglise de Dieu vous ne tombiez (peut estre biē tost) en l'extremité de toutes les horreurs & maledictions, dont la seuerité de la iustice de Dieu, ait iamais l'obstiné Pharao, le superbe Antiochus, & le desesperé Herodes, & tous tels autres impies & contempteurs de Dieu. Son arc est tout bandé pour vous transpercer d'vn traict inéuitable, & sa coignee leuee pour estre mise à la racine d'vn si ifructueux & maudit arbre que vous serez, si vous refusez ceste misericorde qu'il vous offre, & vous trancher & abattre sans misericorde. Il n'y aura que deux coups en ceste execution: le premier sera l'endurcissement & obstination, ou il vous lairra tout à fait comme desesperé & habandonné de tout remede, ne vous sollicitant ny esguillonnant plus de là en auant par les inspirations du S. Esprit, ny par aucuns alarmes de la conscience, comme peut estre il fait encor: & fera enuers vo⁹, ainsi que le sage Medecin fait enuers vn intemperé malade, qui ne tenant compte du regime qu'on luy donne, & faisant tous les iours des exces à sa teste, rend toute curation inutile en son endroit : voyāt le malade à l'occasiō d'vn tel déreglemēt, du tout incapable de guerison, il le quitte & delaisse, & ne se met plus en peine de le secourir par son art. Ainsi Dieu vous abandonnera comme incurable & desesperé, & vous lairra pour iamais en obstination & sens reprouué. Voila le premier coup. L'autre qui vous acheuera & fera trébucher en totalle perdition, sera le coup du iuste iugement & damnation eternelle, dont par la mort il vous retranchera, & alienera pour iamais de soy & de sa gloire, & logera vostre ame premierement, & vostre corps apres, dans les ardents & tenebreux abismes d'enfer, dans le feu & la flāme inextinguible, pour estre la tourmētee & bourrelee des horribles & douloureux supplices, que langue mortelle n'a iamais sceu exprimer, ny l'esprit mesme comprendre. Les tourmens de Phalaris, & de tous les tyrans & bourreaux qui ont martyrisé les anciens Chrestiens, les coutteaux, les rouës, les poiles les grils & autres telles inuentions de la cruauté des hommes, seroient ieu & delectation au pris: outre ce ver rōgeur, outre l'eternité de ces peines qui pressent la balance d'vne indicible surcharge. Car la duree de ces peines combattra l'immortalité de Dieu mesmes, & seront autant immortelles par sa iustice, comme il est immortel par essence. Ce n'est pas de moy ou d'vne doctrine humaine que ie dis ces choses, mais de l'authorité de la parole de Dieu, à la certitude de laquelle nous sçauons que nulle certitude que nous ayons en ce monde ne se peut esgaler. Ie vous supplie considerez les viuement, & tremblez à l'apprehension de

E iij

ceste iustice diuine. O que c'est chose horrible, dit l'Apostre, de tomber entre les mains de Dieu viuant! il ne vous demandera pas seulement cõpte de la desloyauté & perfidie dont vous auez trahy son Eglise, mais encores de la moindre iniustice que vous ayez en vostre regne, ou commis vous mesmes, ou authorisé estant commise par autruy, ou mesmes permis & toleré, la pouuãt empescher ou punir. Ou vous cacherez-vous deuant vne telle seuerité, pour n'estre mil fois englouty de l'enfer? Vous ne pourrez pas seulemẽt imaginer sans horreur, de quelle horreur vous serez lors saisi, vous voyant en vn si estrange accessoire: mais voꝰ pouuez destourner ce mal en recognoissant voz fautes, & faisant penitence pour icelles selon mon conseil. Prenez-le donc, si vous estes sage, prenez-le diligemment, pendant que l'opportunité vous est donnee. Et descendez autãt en humble & modeste submission, que vous estes monté en vaine & enflee superbité. C'est tout ce que ie vous puis dire & conseiller pour la charité Chrestienne, dõt par la grace de Dieu, ie sens que mon cœur, esleué par dessus toute humaine affection que vostre indignité me pourroit suggerer, & rompant la barriere du sens & de la nature, vous aime sincerement en nostre Seigneur Iesus-Christ. Par le merite de la passion duquel ie prie le Pere celeste vous vouloir esueiller du profond somme d'oubliance de luy & de vous, en laquelle continuant de viure vous mourez tous les iours, & par vne saincte & salutaire penitence, vous donner grace de si parfaictement lauer & purger vostre ame

des infames taches de peché, dont vous l'auez or-
die & souillee, que renaissant heureusemét en innocence & pureté de vie, & redressee à l'obiect de
son souuerain bien, elle puisse au dernier iour at-
tendre & regarder sans espouuentement, ce re-
doutable iuge des viuans & des morts, deuant lequel la fermeté massiue des fondemens de la terre, ne subsistera sans trembler.

De l'Oratoire S. Bernard des Feuillantins
lez Paris, ce deuxiesme iour de Iuin, Mil
cinq cens quatre-vingt & neuf.

www.ingramcontent.com/pod-product-compliance
Lightning Source LLC
Chambersburg PA
CBHW061011050426
42453CB00009B/1375